COLLECTIONS

EUGÈNE KRAEMER

Deuxième Vente

COLLECTIONS

EUGÈNE KRAEMER

(DEUXIÈME VENTE)

TABLEAUX ANCIENS

PASTELS

Écoles Anglaise et Française du XVIIIe siècle

OBJETS D'ART & D'AMEUBLEMENT

SCULPTURES

CONDITIONS DE LA VENTE

Elle sera faite au comptant.

Les acquéreurs payeront *dix pour cent* en sus des enchères.

L'exposition mettant le public à même de se rendre compte de l'état de conservation des objets, aucune réclamation ne sera admise une fois l'adjudication prononcée.

Paris. — Imp. Georges Petit, 12, rue Godot-de-Mauroi. — 22928-13.

CATALOGUE

DES

Tableaux Anciens

PASTELS

ÉCOLES ANGLAISE & FRANÇAISE

DU XVIIIe SIÈCLE

OBJETS D'ART & D'AMEUBLEMENT

DONT LA VENTE

Par suite du décès de M. EUGÈNE KRAEMER

AURA LIEU A PARIS

GALERIE GEORGES PETIT

8, RUE DE SÈZE, 8

Les Lundi 5 et Mardi 6 Mai 1913

à 2 heures

COMMISSAIRES-PRISEURS

Me F. LAIR-DUBREUIL
6, rue Favart, 6
PARIS

Me HENRI BAUDOIN
Successeur de Me PAUL CHEVALLIER
10, rue Grange-Batelière, 10

EXPERTS

Pour les Objets d'art :
MM. MANNHEIM
7, rue Saint-Georges, 7

Pour les Objets d'art et Pastels :
MM. PAULME & B. LASQUIN Fils
10, rue Chauchat — rue Grange-Batelière, 11

Pour les Tableaux et Pastels :
M. JULES FÉRAL
7, rue Saint-Georges, 7

EXPOSITIONS

Particulière : *Le Samedi 3 Mai 1913, de 1 heure 1/2 à 6 heures.*

Publique : *Le Dimanche 4 Mai 1913, de 1 heure 1/2 à 6 heures.*

Collections EUGÈNE KRAEMER

Tableaux Anciens

ŒUVRES DE

H.-J. VAN BLARENBERGHE, H.-P. DANLOUX
J.-L. DAVID, J.-B. DESHAYS, F.-H. DROUAIS, J.-H. FRAGONARD
BARON GÉRARD, J.-B. GREUZE, J.-J.-E. HEINSIUS
N. DE LARGILLIERRE, SIR THOMAS LAWRENCE, Mme L. VIGÉE-LEBRUN
R. LEFÈVRE, F. LE MOINE, J.-M. NATTIER
BARON REGNAULT, SIR J. REYNOLDS, HUBERT ROBERT
L. TOCQUÉ, R. TOURNIÈRES, A. WATTEAU, ETC.

PASTELS

PAR

ROSALBA CARRIERA, M. QUENTIN DE LA TOUR, J.-B. PERRONNEAU
JOHN RUSSELL

Objets d'Art et d'Ameublement

PORCELAINES MONTÉES EN BRONZE

SCULPTURES

BRONZES D'ART

Pendules

BRONZES D'AMEUBLEMENT

MEUBLES

Tapis de la Savonnerie

ORDRE DES VACATIONS

Le Lundi 5 Mai 1913

	Numéros
Tableaux Anciens	1 à 72

Le Mardi 6 Mai 1913

Objets d'art	73 à 169

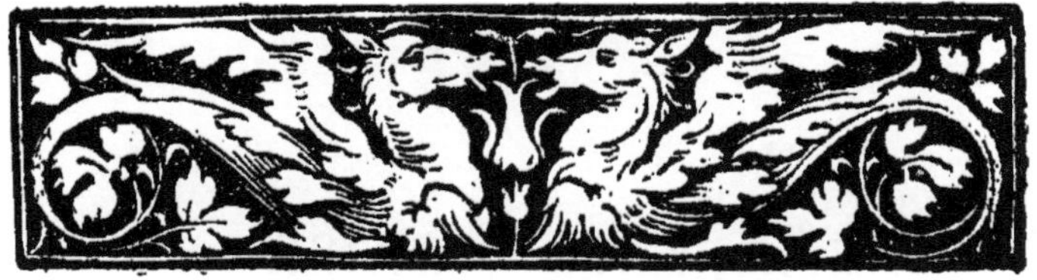

Pastels Anciens

CARRIERA (Rosalba)

Venise, 1675-1757.

1 — *Portrait présumé de l'artiste.*

Elle est représentée en buste, tournée vers la droite, la tête inclinée sur l'épaule, le visage presque de face, tenant un pinceau de la main droite et sa palette de l'autre main.

La poitrine décolletée, elle porte un corsage de soie gorge-de-pigeon. Des fleurs des champs agrémentent ses cheveux blonds relevés et bouclés.

Pastel.

Haut., 44 cent.; larg., 34 cent.

12000 / 10 000 Bousquet

ÉCOLE FRANÇAISE

XVIIIe siècle.

PENDANT DU SUIVANT

2 — *Madame de Gourgues.*

En robe de satin bleu, décolletée, tenant de la main droite un loup noir et une rose, un éventail de l'autre main; les cheveux poudrés, ornés de fleurs des champs, elle est représentée à mi-corps, assise, le bras droit accoudé sur une table.

Un rideau jaune doublé de vert est tendu sur le fond d'un vestibule à pilastre.

Pastel.

Haut., 80 cent.; larg., 64 cent.

Cadre en bois sculpté.

8 000 / 3 300 Leman

ÉCOLE FRANÇAISE

xviiie siècle.

PENDANT DU PRÉCÉDENT

3 — *Monsieur de Gourgues.*

Il est représenté en chasseur, assis dans la campagne, le bras gauche accoudé sur un tertre, tenant de la main droite son fusil appuyé sur le bras. Son habit bleu, galonné d'or, est ouvert sur un gilet déboutonné et laissant voir un jabot de dentelle.

Fond de ciel avec effet de soleil couchant.

Pastel.

Haut., 80 cent.; larg., 64 cent.

Cadre en bois sculpté.

LA TOUR (MAURICE-QUENTIN DE)

Saint-Quentin, 1704-1788.

4 — *Portrait de M. de Montalembert.*

En habit rouge brodé d'or, orné de la croix du St-Esprit, jabot et manchettes de dentelle ; le tricorne noir à plumes blanches sous le bras gauche, petite perruque poudrée à catogan, il est représenté à mi-corps, le visage légèrement tourné vers la droite, les yeux bruns, souriant au spectateur.

Pastel.

Haut., 65 cent.; larg., 55 cent.

Cadre en bois sculpté, du temps de Louis XV.

Gravé par A. de St-Aubin.

LATOUR (MAURICE-QUENTIN DE)

5 — *Portrait de Mme de Neuville.*

Assise dans un fauteuil, de trois quarts à gauche, les cheveux ondés et poudrés, les yeux bruns, elle porte une tunique de brocart bordée de skunks, sur une robe de satin blanc, garnie au corsage et aux manches de nœuds de ruban.

20000
9000
Thibault

Un fin cordon noir, passé autour de son cou, pend sur la poitrine décolletée.

Pastel.

Haut., 64 cent.; larg., 53 cent.

Cadre en bois sculpté.

LATOUR (MAURICE-QUENTIN DE)

6 — *Portrait du maître.*

Il s'est représenté dans un œil-de-bœuf en pierre, le buste tourné vers la droite, le visage de face et souriant malicieusement au spectateur, la main droite faisant un geste de l'index.

10000
4500
Stettiner pour M. de Wend.

Coiffé d'une toque de soie noire posée sur le côté de la tête, il porte une veste de drap marron boutonnée sur la poitrine.

Pastel.

Haut., 60 cent.; larg., 50 cent.

Cadre en bois sculpté.

PERRONNEAU (Jean-Baptiste)

Paris, 1715-1783.

7 — *Raguenet de Saint-Albin, Échevin de la ville d'Orléans.*

A mi-corps, de trois quarts à gauche, le visage presque de face, les yeux fixés sur le spectateur, il porte un habit de velours vieux rose, ouvert sur un jabot de dentelle, le tricorne noir sous le bras gauche, la perruque poudrée à catogan, un ruban noir autour du cou.

Pastel signé et daté : *1765*.

Haut., 61 cent. ; larg., 50 cent.

Cadre en bois sculpté.

PERRONNEAU (Jean-Baptiste)

8 — *Portrait de Mme d'Eprémesnil.*

En buste, presque de face, les cheveux relevés et bouclés, les yeux bruns, elle porte, sur son corsage blanc décolleté, une écharpe bleue retenue sur l'épaule par une agrafe à cabochon, un collier de perles autour du cou.

Pastel.

Haut., 60 cent. ; larg., 50 cent.

Cadre en bois sculpté.

RUSSELL (John)

Guilford, 1744-1806.

9 — ***Mrs. Geo Higginson, née Isaacson et son fils Georges Pawell, plus tard général Higginson.***

La jeune femme est assise sur un canapé, entourant du bras gauche son jeune fils debout près d'elle et tenant, dans ses deux petites mains, la main droite de sa mère. Les cheveux bouclés et poudrés relevés autour du visage, elle porte une robe de mousseline blanche serrée à la taille par une ceinture bleue, un fichu croisé sur la poitrine, les manches courtes à volants de dentelles.

Le petit garçon est blond, les cheveux coupés sur le front, bouclés sur les oreilles, regardant le spectateur. Il porte un habit de drap marron à boutons d'or, un large col de lingerie rabattu sur les épaules.

Un rideau rouge est tendu sur le fond, laissant apercevoir à gauche la campagne.

Signé et daté : *1787*.

Pastel.

Haut., 90 cent.; larg., 70 cent.

Cadre en bois sculpté.

Le dessin original de ce portrait a été gravé par J. R. Smith en 1797.

Cité dans *John Russell* (R. A.), par Georges C. Williamson, p. 147.

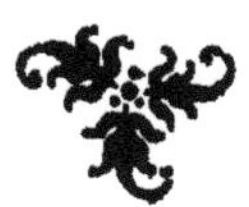

Tableaux Anciens

BLARENBERGHE
(Henri-Joseph van)

Lille, 1741-1826.

10 — *Les Patineurs.*

5000 / 5900 Leroux de Villers

Dans un paysage d'hiver, sur une rivière glacée, des villageois se livrent au plaisir du patinage ou à leurs occupations ménagères.

A gauche, devant une cabane couverte de chaume, un paysan coiffé d'une toque bleue pousse devant lui un traîneau chargé de légumes; une servante dépose sur le traîneau une cruche de grès; autour d'eux, des enfants jouent. A droite, sur une rive, une femme en jupon s'est arrêtée.

Dans le fond, parmi plusieurs constructions, on remarque une tour crénelée et un moulin qui se détachent sur un ciel nuageux et doré par les rayons du soleil couchant.

Signé à droite et daté : *1774*.

Bois. Haut., 23 cent.; larg., 27 cent.

Cadre en bois sculpté.

BOUCHER (Attribué à François)

11 — *Victoire O'Murphy.*

Le modèle du maître des grâces est étendu de trois quarts à droite sur un lit de repos, couvert de soie bleue. La jeune femme est vue de dos, la tête relevée, les deux bras accoudés sur des coussins ; les cheveux légèrement poudrés et ornés d'un ruban rose. Un grand voile de gaze est drapé autour d'elle.

10000
9100
Bousquet

Sur la gauche, un rideau bleu.

Toile de forme ovale. Haut., 36 cent.; larg., 45 cent.

Cadre en bois sculpté.

DANLOUX (Henri-Pierre)

Paris, 1753-1809.

12 — *Portrait de Lafayette.*

En habit bleu aux revers rouges, culotte de peau, bottes noires éperonnées, les mains couvertes de gants à crispins, coiffé d'une perruque bouclée sur les oreilles, il est debout tenant de la main droite la bride de son cheval qui se cabre derrière lui, la main gauche appuyée à la hanche et tenant le tricorne.

Vers le fond, et à gauche, on aperçoit dans la campagne des hommes d'armes à cheval, casqués et cuirassés.

8000
4500
Bousquet

Toile. Haut., 89 cent.; larg., 70 cent.

Cadre en bois sculpté.

A figuré à l'Exposition rétrospective de la Ville de Paris, en 1900, sous le n° 27, où il était attribué à Boilly.

DAVID (Jacques-Louis)

Paris, 1748-1825.

13 — *Portrait du Comte de Turenne.*

Dans un vestibule à colonnes, il est assis sur une chaise, près d'une table couverte d'un tapis et sur laquelle est posée une lettre portant son adresse à Bruxelles.

Légèrement tourné vers la droite et regardant en face, les yeux bleus, les cheveux bruns bouclés, il porte une pelisse noire garnie d'astrakan et soutachée de brandebourgs, ouverte sur un gilet jaune à boutons d'or, une cravate blanche nouée autour du cou, la culotte grise.

Une paire de gants dans la main droite, il tient sous le bras son chapeau haut de forme au fond duquel on remarque ses armoiries.

Signé à droite et daté : *Bruxelles, 1816.*

Bois. Haut., 1 m. 12; larg., 82 cent.

DAVID (Jacques-Louis)

14 — *Portrait de M. Pécoul.*

A mi-corps, de trois quarts à droite, assis sur une chaise, en habit marron à boutons d'or ouvert sur un gilet blanc et un jabot de lingerie, il porte la petite perruque à catogan noué sur la nuque.

Toile. Haut., 63 cent.; larg., 53 cent.

Collection Seriziat.

DAVID (Jacques-Louis)

15 — *Portrait de Santerre.*

En buste, de trois quarts à droite, les cheveux bouclés, poudrés, pendant autour du visage, il porte un habit gris au large col rabattu, une cravate de mousseline nouée sous le menton, un gilet jaune rayé. Signé à droite et daté : *1807*.

Toile. Haut., 40 cent.; larg., 32 cent.

DESHAYS (Jean-Baptiste)

Rouen, 1729-1765.

16 — *Dame à sa toilette.*

La jeune femme est assise dans un fauteuil rouge, tournée vers la gauche, accoudée sur une table toilette, garnie de dentelles et sur laquelle on remarque des boîtes d'argenterie, une aiguière dans son bassin, une glace, une boîte d'épingles en laque rouge ; un rideau vert est drapé sur la glace. A gauche, on remarque une étoffe brodée d'or.

En jupe de satin blanc, le corsage décolleté, lacé d'un ruban bleu sur la poitrine, elle a posé sur ses épaules un peignoir de lingerie noué autour du cou. Ses cheveux, portant des traces de poudre, ne sont pas encore coiffés. La main gauche est appuyée sur le bras du fauteuil.

Toile. Haut., 1 m. 30 ; larg., 96 cent.

Cadre en bois sculpté, du temps de la Régence.

A figuré à l'exposition des Modes à Bagatelle, en 1911, sous le n° 36. Reproduit au catalogue.

DROUAIS (François-Hubert)

Paris, 1727-1775

17 — *Mademoiselle de Forges.*

Représentée dans un parc, vue à mi-corps, accoudée sur une cage et tenant sur la main une perruche qu'elle nourrit au bout d'un bâton. Les cheveux poudrés, ornés de fleurettes, un collier de perles autour du cou, elle porte une robe de satin blanc à nœuds de ruban et ruches de même couleur, les manches courtes à volants de dentelles.

Toile de forme ovale. Haut., 70 cent.; larg., 57 cent.

Cadre en bois sculpté.

ÉCOLE ANGLAISE

XVIIIe siècle.

18 — *Le Nid.*

Dans un parc, sur un banc de pierre, une jeune femme est assise, légèrement inclinée sur la droite, tête nue, les cheveux relevés sur le front et pendant sur la nuque. Elle tient un livre sur ces genoux et regarde une fillette qui accourt en lui présentant de ses deux mains un nid d'oiseaux. La fillette porte sur sa robe flottante une ceinture nouée à la taille. Sur le banc, on remarque le large chapeau de la jeune femme.

Peinture en grisaille.

Toile. Haut., 55 cent.; larg., 45 cent.

Cadre en bois sculpté, du temps de Louis XV.

ÉCOLE ANGLAISE

XIXe siècle.

19 — *Portrait de Miss Warren.*

Une jeune fille, aux cheveux bouclés sur les oreilles, en robe blanche à collerette ouverte sur le cou, est représentée en buste, de face, la tête tournée vers la gauche.

Toile. Haut., 52 cent.; larg., 42 cent.

Cadre en bois sculpté.

ÉCOLE FRANÇAISE

XVIIIe siècle.

20 — *Madame de Marguerie.*

En buste, légèrement tournée vers la droite, la tête de face, les yeux bleus, les cheveux poudrés relevés sur la tête et serrés par un ruban bleu orné d'une fleur, la poitrine décolletée, elle porte sur son corsage de mousseline blanche, une draperie rose et une guirlande de fleurs.

Fond de parc.

Toile de forme ovale. Haut., 55 cent.; larg., 45 cent.

On lit derrière le cadre l'inscription : *Miss Drumont Melfort, devenue Madame de Marguerie.*

Cadre en bois sculpté.

ÉCOLE FRANÇAISE

XVIIIe siècle.

21 — *La Femme au chat.*

Une jeune femme, assise à gauche sur un lit, en chemise blanche, tient dans ses bras un chat que semble vouloir lui disputer une fillette debout, à droite, les bras tendus.

La petite fille porte une robe de soie grise avec un fichu jaune sur les épaules et un ruban dans les cheveux.

Au second plan, un homme en habit rose soulève un rideau vert tendu sur une terrasse.

Toile. Haut., 80 cent.; larg., 64 cent.

Cadre en bois sculpté, du temps de la Régence.

ÉCOLE FRANÇAISE

XVIIIe siècle.

PENDANT DU SUIVANT

22 — *La Petite Musicienne.*

Une fillette assise dans un parc, accoudée sur un socle de pierre, tête nue, les cheveux blonds bouclés sur les oreilles, relève la tête et semble chanter, la bouche entr'ouverte. Un ruban bleu noué sous le menton, elle porte une robe blanche décolletée, les manches retroussées au-dessus des coudes; une partition est posée sur ses genoux.

A gauche, sur un tertre, une cornemuse de soie mauve et un bouquet de fleurs. A terre, un rouleau de musique.

Toile de forme ovale. Haut., 98 cent.; larg., 85 cent.

Cadre en bois sculpté.

ÉCOLE FRANÇAISE

XVIIIe siècle.

PENDANT DU PRÉCÉDENT

23 — *La Petite Jardinière.*

Blonde, coiffée d'un chapeau de paille bordé d'un ruban bleu, une petite fille, vêtue d'une robe jaune à manches courtes, le corsage décolleté et lacé sur la poitrine, est assise dans la campagne. Elle porte sur ses genoux une corbeille de fleurs posée sur une draperie rouge, et, le bras gauche tendu vers le spectateur, elle offre un bouquet de bleuets.

Dans le fond, à droite, des troncs d'arbres.

Toile de forme ovale. Haut., 98 cent.; larg., 85 cent.

Cadre en bois sculpté.

ÉCOLE FRANÇAISE

XVIIIe siècle.

24 — *Les Comédiens italiens.*

Gilles en blanc, son chapeau à la main, accompagne Scapin monté sur un âne et jouant des cymbales. A la tête de la monture, un troisième personnage, portant une gourde pendue sur son habit gris, lève la main.

A gauche, trois personnages devant une statue de faune ; une jeune femme en robe rose, coiffée d'une large toque, s'est laissée prendre la taille par un galant en habit bleu.

Dans le fond, à droite, une construction de pierre avec une tour.

Toile. Haut., 72 cent.; larg., 60 cent.

Cadre en bois sculpté.

ÉCOLE FRANÇAISE

XVIIIe siècle.

25 — *Le Maréchal Duc de Richelieu.*

Il est représenté à mi-corps, debout, les cheveux poudrés, les yeux bruns. Une cravate de soie noire nouée sous le menton, son tricorne galonné d'or sous le bras, la main gauche passée sous le gilet, il porte un habit brun avec manches à larges revers enrichis de broderies figurant des arabesques d'or ou des fruits ; le gilet est orné des mêmes broderies que les manches.

Toile. Haut., 80 cent.; larg., 63 cent.

Cadre en bois sculpté, du temps de la Régence.

ÉCOLE FRANÇAISE

XVIIIe siècle.

26 — *La Baronne d'Argilliers.*

Vue jusqu'à la ceinture, de face, le visage souriant, la tête inclinée sur l'épaule gauche, les cheveux relevés et bouclés, les yeux bruns, elle porte une robe blanche décolletée, aux larges manches serrées à la hauteur des coudes par des chaînes de perles, une écharpe de même couleur drapée autour de la taille. Fond de ciel.

Toile. Haut., 36 cent.; larg., 29 cent.

Cadre en bois sculpté, du temps de Louis XIV.

ECOLE FRANÇAISE

XVIIIe siècle.

27 — *Le Repos dans le parc.*

Une jeune femme est assise sur un tertre et tournée vers la droite, les cheveux poudrés, portant une robe de soie de couleur feu, décolletée, avec une écharpe de satin rose drapée sur l'épaule, les manches courtes laissant les bras demi nus, une ceinture nouée à la taille.

De la main droite, elle caresse un chien debout près d'elle et joue de l'autre main avec une perle pendeloque fixée à son corsage.

Toile. Haut., 80 cent.; larg., 63 cent.

Cadre en bois sculpté, du temps de Louis XV.

ÉCOLE FRANÇAISE

XVIIIe siècle.

28 — *Portrait de Mme de Cossé-Brissac.*

Les cheveux bruns et bouclés tombant sur les épaules, les yeux bruns, coiffée d'une gaze bordée d'or et nouée sur le côté de la tête, en robe gorge-de-pigeon décolletée sur une chemise blanche, elle est tournée de trois quarts vers la droite, le visage presque de face, une chaîne de perles serrée sur la manche droite; aux oreilles elle porte des anneaux d'or, soutenant des perles en forme de poire.

Toile de forme ovale. Haut., 65 cent.; larg., 53 cent.

Cadre en bois sculpté.

ÉCOLE FRANÇAISE

XVIIIe siècle.

29 — *La Jeune Femme au livre.*

Assise dans un fauteuil, de profil à gauche, le visage tourné vers le spectateur, les mains appuyées sur ses genoux, elle tient un livre de la main droite. Coiffée d'un bonnet blanc à rubans roses, elle porte un manteau bleu bordé de fourrure sur les épaules, et une jupe de soie vieux rose. Autour du cou, un ruban noir retient un bijou de perles.

Toile. Haut., 86 cent. ; larg., 68 cent.

Cadre en bois sculpté.

ÉCOLE FRANÇAISE

XVIIIe siècle.

30 — *Jeune Femme en buste.*

Elle est vue de dos, la tête retournée vers le spectateur, les cheveux bruns bouclés, serrés par un ruban rouge, le visage souriant.

Une chemise blanche glissant de ses épaules découvre une partie du buste.

Toile. Haut., 60 cent. ; larg., 50 cent.

Cadre en bois sculpté.

ÉCOLE FRANÇAISE

XVIIIe siècle.

31 — *Portrait présumé de Mme de Châteauroux.*

Debout, vue jusqu'aux genoux, marchant vers la droite, une main sur la hanche et tenant un loup, l'autre main tendue en avant, elle porte une robe de brocart à fond rouge décolletée, avec un manteau de soie bleu ; un toquet de même couleur, empanaché de plumes blanches, retenu par une agrafe en pierreries sur ses cheveux bruns, dont une longue boucle pend sur la nuque et l'épaule.

Derrière elle, une balustrade de pierre et une fontaine.

Toile. Haut., 88 cent.; larg., 71 cent.

Cadre en bois sculpté.

FRAGONARD (JEAN-HONORÉ)

Grasse, 1732-1806.

Suite de quatre panneaux décoratifs :

Cette décoration provient d'un ancien hôtel de la rue de l'Université, à Paris.

Nous empruntons les désignations de ces quatre tableaux à un charmant opuscule que le baron Roger Portalis leur a consacré, et nous devons encore en extraire ces quelques lignes qui résument l'opinion de l'éminent auteur de *l'Œuvre de Fragonard :*

« Dans le goût de François Boucher par le ton
» général et les sujets, *Bergère, Jardinier, Ven-*

» *dangeuse* et *Moissonneur*, c'est Honoré Frago-
» nard par la finesse, la subtilité de la touche,
» surtout dans les adorables figures de femmes
» et d'enfants. On dirait de Boucher trop occupé,
» envoyant Fragonard peindre à sa place, et c'est
» peut-être là qu'est la réalité. Pas de vieillesse,
» pas d'hiver, pas de teintes sombres, rien que la
» lumière jouant sur les têtes blondes des jeunes
» gens aux costumes roses et bleus dans un rayon
» de soleil. »

S'il est permis de croire que Fragonard a peint ces quatre tableaux sous l'influence de son maître Boucher, s'il est permis de croire que Boucher y travailla lui-même, et si l'on peut hésiter entre deux maîtres aussi rares, nous pouvons, sans oser nous prononcer d'une façon absolue sur cette attribution, considérer sans aucun doute ces quatre admirables panneaux comme quatre chefs-d'œuvres de l'art décoratif français du XVIIIe siècle.

32 — *La Bergère.*

Une jeune femme, coiffée d'une fanchon blanche, au corsage échancré paré de fleurs, s'avance souriante, tenant à la main son chapeau de paille à fond rose, mais d'un rose idéal, d'un rose... à la Fragonard, c'est le cas de le dire.

Elle porte, suspendu à son dos, son enfant endormi dans une sorte de berceau léger, formé de branchages.

Sous un tablier bleuâtre, se montre une jupe rose aussi, que réveillent de chauds glacis, à laquelle s'accroche un bambin espiègle, dans une demi-teinte exquise, et, comme fond, un paysage d'un vert assoupi sous un ciel bleuté où courent de légers nuages.

Toile. Haut., 1 m. 49; larg., 94 cent.

33 — *Le Jardinier.*

Un jeune jardinier, qui vient de cueillir une corbeille de roses, semble courir au devant de la jeune femme et apporter à ses enfants l'oiseau qu'il vient de prendre.

La franchise de la touche est à remarquer, aussi bien dans le visage que dans les rouges de la veste et le détail d'un costume champêtre. Arrosoirs, rateaux, arbres aux rameaux penchés dans un mouvement propre à l'artiste, tout est fait de la façon la plus grasse. C'est, des quatre panneaux, celui qui rappelle le plus la manière de Boucher, aussi bien dans l'exécution des fleurs que par la franchise du coup de pinceau.

Toile. Haut., 1 m. 49 ; larg., 95 cent.

34 — *La Vendangeuse.*

Nous revoyons la même jeune femme dans un mouvement trouvé autant que gracieux, des grappes mûres plein son tablier. Sous le chapeau de paille, bordé de bleu tendre, sa fine tête se détache, et, dans le corsage en carré, se dessine en ses rondeurs, comme aussi dans sa décence, la gorge juvénile.

Dans les plis de la jupe, d'un rose vif, liseré de blanc, se cache un enfant cherchant à saisir un raisin, tandis que l'autre, tombé à terre et délicieusement peint dans la pénombre, réclame sa part en pleurant.

Figure adorable, silhouette ravissante du plus pur XVIIIe siècle, sur le fond bleu pâle du ciel.

Toile. Haut., 1 m. 49 ; larg., 83 cent.

35 — *Le Moissonneur.*

Pour le quatrième sujet l'artiste à choisi le *Moissonneur*, intéressante et rêveuse figure, sorte de travailleur idéalisé se reposant, appuyé sur sa faux, au milieu des blés, un panier de bleuets et de coquelicots à ses pieds nus, sa gourde et ses souliers en bandouillière.

Moins éclatant de tons que les autres, ce panneau est très harmonieux, peint dans la gamme de bleus passés à l'unisson du ciel.

Toile. Haut., 1 m. 49; larg., 85 cent.

Ces quatre panneaux ont figuré à l'exposition Chardin et Fragonard, à la Galerie Georges Petit, en 1907, sous les nos 134 à 137.

Reproduits dans l'*Œuvre de Chardin et de Fragonard*, par Armand Dayot et Léandre Vaillat.

FRAGONARD (Jean-Honoré)

36 — *La Gimblette.*

Une jeune femme, couchée sur un lit, tient sur ses deux pieds un petit chien blanc qui aboie, réclamant une gimblette.

Coiffée d'un bonnet à rubans bleus, la jeune femme porte une chemise blanche ; un bras est accoudé sur le lit, l'autre levé vers le chien. Des rideaux roses sont tendus et drapés à droite et à gauche.

15.000
20.000
Hodgkins

A droite, sur un tabouret de bois doré garni d'une étoffe bleue, on remarque une jupe jaune ; sur le sol, un tapis vert.

Toile. Haut., 63 cent.; larg., 80 cent.

Cadre en bois sculpté.

On connaît plusieurs exemplaires de cette composition.

FRAGONARD (JEAN-HONORÉ)

37 — *Les Lavandières.*

Sous une large voûte de pierre ouverte au fond sur le ciel, des femmes sont réunies autour d'une cuve et entretiennent la lessive. Au centre, une jeune blonde en robe jaune est debout ; près d'elle, une femme brune portant une jupe jaune est agenouillée devant le feu. Autour d'elles, quatre enfants.

A gauche, une autre femme descend quelques marches de pierre, portant sur la tête un panier de linge.

A droite et au premier plan, un homme drapé d'un manteau rouge, couché près d'un enfant; un chien sur une botte de paille. Derrière une colonne, deux autres figures.

Toile. Haut., 42 cent. ; larg., 48 cent.

Cadre en bois sculpté.

20.000
18.100
Hodgkins

Collection A. Febvre, vente des 17-20 avril 1882, n° 11, avec la mention *(Attribué à)*.

Collection du baron de Beurmonville, vente des 21 et 22 mai 1883, n° 15, avec la mention (*Attribué à*).

Cité dans *l'Œuvre de Fragonard*, par le baron Roger Portalis, p. 282.

FRAGONARD (JEAN-HONORÉ)

38 — *La Visitation.*

La Vierge, debout à gauche, gravit une marche de pierre. Un voile jaune et un voile de mousseline fixés sur ses cheveux blonds, couverte de la robe et du manteau aux couleurs liturgiques, elle est entourée d'anges qui voltigent sur des nuages.

A droite, sainte Élisabeth agenouillée en adoration,

15.000
19.100
Jonas

un manteau jaune drapé autour de la taille, et Zacharie, les bras croisés, le corps incliné en avant.

Toile. Haut., 24 cent. ; larg., 32 cent.

Cadre en bois sculpté.

Un exemplaire de cette composition est cité dans *l'Œuvre de Fragonard*, par le baron Roger Portalis, p. 201.

FREUDEBERG (SIGISMOND)

Berne, 1745-1801.

39 — *Les Horreurs de la guerre.*

Au bord d'une rivière traversée par un pont de pierre, des soldats pillent un village. Au centre, un groupe composé d'un soldat épaulant un fusil, tandis qu'une femme s'accroche à ses vêtements ; une autre femme porte un enfant sur le cou et un canard à la main. A droite, une villageoise en jupon rouge est agenouillée sur la berge, sauvant une compagne tombée dans le cours d'eau ; au pied d'un arbre, un joueur de vielle fait le coup de feu.

A gauche, un homme s'enfuit, portant des victuailles sur le manche de sa fourche appuyée sur l'épaule.

Dans le fond, on arrête des bestiaux en fuite. Le combat continue sur le pont, devant une construction de bois couverte de tuiles.

Plus loin, le clocher du village.

Cuivre. Haut., 39 cent. ; larg., 48 cent.

Cadre en bois sculpté.

GÉRARD (Mlle MARGUERITE)

Grasse, 1761-1837.

40 — *La Jeune Fille aux colombes.*

Une jeune fille en robe jaune, corsage blanc décolleté, un tablier pendant sur sa jupe, est assise sur un tertre, tournée vers la droite. Les cheveux bruns bouclés sur le front, les bras nus, les mains jointes sur les genoux, elle regarde un couple de colombes se becquetant sur une draperie rouge, dans un panier posé sur une borne de pierre marquée du chiffre IX.

A gauche, un petit chien est couché près de la jeune fille; un chapeau de paille est abandonné à terre contre une branche d'arbre.

Signé à gauche.

Toile. Haut., 61 cent.; larg., 49 cent.

4000 / 5.800 Hettiner pour C.?

GÉRARD (Mlle MARGUERITE)

41 — *Le Triomphe de Raton.*

Dans un intérieur, une jeune fille blonde, en robe de satin bleu, est debout, au centre, conduisant au bout d'un ruban rose un petit chien coiffé d'un chapeau à panache bleu, couvert d'un manteau jaune et marchant debout sur ses pattes de derrière; il est accompagné d'un petit carlin dans la même attitude.

A gauche, une jeune mère est assise, vêtue d'une robe blanche décolletée; elle tient sur ses genoux un petit enfant presque nu; une fillette est accoudée derrière elle; à ses pieds, un petit garçon, étendu sur un coussin, a abandonné sur le parquet son volant et sa raquette. A droite, au second plan, une ménagère tient une badine et stimule les petits chiens.

Bois. Haut., 60 cent.; larg., 49 cent.

6000 / 5.100 Bousquet

GÉRARD
(François-Pascal-Simon, Baron)

Rome, 1770-1837.

42 — *Portrait de Pauline Borghèse.*

Assise dans la campagne et accoudée sur un tertre, elle est représentée jusqu'au-dessous des genoux, tournée de trois quarts vers la droite. Ses cheveux bruns, bouclés sur le front, sont en partie couverts d'un voile de gaze qui voltige derrière elle. Elle porte une robe de satin blanc garnie de cygne, découvrant la poitrine et laissant les bras nus ; une ceinture nouée sous la poitrine. Un châle cachemire est passé en écharpe sur le bras droit.

Vers le fond, la campagne s'étend à droite.

Ciel bleu.

Toile. Haut., 1 m. 14 ; larg., 88 cent.

GREUZE (Jean-Baptiste)

Tournus, 1725-1805.

43 — *La Fillette au bonnet noir.*

En buste, tournée vers la gauche, la tête inclinée sur l'épaule, les yeux bleus, les cheveux blonds, bouclés sous un bonnet de dentelle noire, un fichu blanc autour du cou, elle porte sur son corsage gris un tablier à raies bleues.

Toile. Haut., 41 cent. ; larg., 34 cent.

GREUZE (Jean-Baptiste)

44 — *Portrait présumé de Mme Greuze.*

Représentée en buste, la tête retournée vers le spectateur ; ses cheveux blonds, relevés sur le front, bouclés, tombent sur la nuque en une longue mèche ; un manteau noir est drapé sur son épaule droite.

Toile de forme ovale. Haut., 43 cent. ; larg., 36 cent.

Cadre en bois sculpté.

HEINSIUS (Jean-Jules-Ernest)

Weimar, 1740-1812.

45 — *Marie-Nicole Ducreux de Vergy.*

Les cheveux relevés sur le front et bouclés sur la nuque, le visage souriant, elle est représentée en buste, dans un médaillon, vêtue d'un corsage décolleté, lacé d'un ruban bleu sur la poitrine.

Toile. Haut., 63 cent; larg., 52 cent.

Cadre en bois sculpté.

LA PORTE (Henri-Horace-Roland de)

46 — *La Cornemuse.*

Une cornemuse de velours bleu brodé d'or, un violon et des feuillets de musique sont posés sur une table couverte d'un tapis rouge.

Au second plan, sur la table, une sphère supportant un rideau vert drapé au fond.

A gauche, une fillette en robe jaune décolletée, coiffée d'un large feutre gris, est appuyée sur la table et tient un archet sur le violon.

Toile. Haut., 80 cent.; larg., 1 mètre.

Cadre en bois sculpté, du temps de la Régence.

LARGILLIERRE (Nicolas de)

Paris, 1656-1746.

47 — *Portrait présumé de la mère de Voltaire.*

Représentée à mi-corps dans un paysage, presque de face, en corsage de velours rouge décolleté, brodé d'or; les manches larges, bouffantes et ouvertes à la hauteur du coude, des bijoux d'orfèvrerie au corsage et aux manches, une écharpe de soie verte drapée sur l'épaule; les yeux bruns, les cheveux relevés en une haute coiffure agrémentée d'un ruban jaune et de pierres précieuses, des boucles sur le front et des mèches de cheveux poudrés sur la nuque.

Fond de parc.

Toile de forme ovale.
Haut., 80 cent.; larg., 64 cent.

Cadre en bois sculpté, du temps de Louis XIV.

LAWRENCE (Sir Thomas)

Bristol, 1769-1830.

48 — *La Jeune Fille au turban.*

Une jeune fille brune, les cheveux bouclés et coiffés d'un turban de soie bleu foncé, est représentée à mi-corps, assise, en robe de soie couleur paille, décolletée.

Le buste est presque achevé, la robe est restée à l'état d'esquisse.

Sur un fond de toile gris, le peintre a opposé, derrière le visage, une tête brune.

Toile. Haut., 75 cent.; larg., 62 cent.

Cadre en bois sculpté.

LEBRUN (Mme Élisabeth-Louise Vigée)

Paris, 1755-1842.

49 — *La Reine Marie-Antoinette.*

Assise dans un fauteuil de bois doré, la reine est représentée de grandeur naturelle, tournée de trois quarts vers la droite, le visage presque de face, regardant le spectateur.

Elle est accoudée sur un coussin de velours rouge

galonné d'or, posé sur une table couverte d'un tapis de même couleur à broderie dorée et sur laquelle on remarque, auprès de la couronne royale placée sur un coussin de velours bleu fleurdelisé, un vase de cristal contenant un bouquet de fleurs; une branche de lilas est posée sur la table. De la main gauche, elle tient un livre entr'ouvert, relié en maroquin à fers dorés. Ses pieds sont posés sur un coussin.

Les cheveux poudrés, relevés et bouffants autour du visage, elle est coiffée d'un turban de soie bleue, serré sur la tête par une gaze blanche, avec une aigrette et un panache de plumes, retenus par une agrafe de pierres précieuses. Elle est vêtue d'une robe bleue bordée de fourrure brune et ouverte sur une jupe de satin blanc orné de même fourrure; son corsage est accompagné d'un fichu de mousseline garni d'un volant de dentelle.

Au fond, un rideau de soie verte à crépines d'or est drapé à droite, sur une colonnade ouverte sur le ciel.

Toile. Haut., 2 m. 70; larg., 1 m. 90.

Cadre en bois sculpté, du temps de Louis XVI.

LEBRUN
(Mme Élisabeth-Louise Vigée).

50 — *Portrait présumé de la fille de l'artiste.*

Marchant de gauche à droite, elle est vue à mi-corps, les bras croisés sous une écharpe violette qui couvre ses épaules. Coiffée d'un chapeau de paille, aux bords relevés et enpanachés d'une plume violacée, retenu sur ses cheveux bruns bouclés par une écharpe de gaze blanche, une ruche de mousseline autour du cou, elle est en robe de soie verte; ses cheveux longs voltigent sur le dos.

Fond de ciel.

Toile. Haut., 80 cent.; larg., 70 cent.

Cadre en bois sculpté, du temps de Louis XVI.

LEBRUN
(Mme ÉLISABETH-LOUISE VIGÉE)

51 — *La Vicomtesse de Suffren.*

25.000 / 20.000 Hodgkins

Assise sur une chaise, tournée de trois quarts à gauche, le visage vers la droite, elle est représentée à mi-corps, en robe de mousseline blanche décolletée, ornée d'une ceinture de rubans bleus, les cheveux poudrés, bouclés, avec une branche de roses retenue sur la tête par un ruban noué sur le côté. Une écharpe noire sur le bras droit, elle tient de la main gauche un bouquet de fleurs.

Toile. Haut., 90 cent.; larg., 71 cent.

Cadre en bois sculpté, du temps de Louis XV.

LEBRUN
(Mme ÉLISABETH-LOUISE VIGÉE)

52 — *La Marquise de Verdun.*

12.000 / 27.000 Hodgkins

Coiffée d'un chapeau de paille d'Italie au large bord relevé sur le côté, avec un ruban bleu agrémenté d'un bouquet de fleurs, les cheveux poudrés, bouffant sur les oreilles et bouclés sur les épaules, elle est représentée à mi-corps, en corsage rouge décolleté, lacé sur la poitrine et découvrant une chemisette blanche.

Toile. Haut., 65 cent.; larg., 53 cent.

Cadre en bois sculpté, du temps de Louis XV.

LECLERC DES GOBELINS
(Sébastien)

Paris, 1676-1763.

53 — *Réunion champêtre.*

Une jeune femme en robe de satin blanc est assise sur un tertre, à côté d'un arlequin. Celui-ci vide une bouteille de vin dans son verre et dans celui de sa compagne. Derrière eux, debout, Gilles coiffé de son chapeau de feutre incliné sur l'oreille. A droite, un autre couple boit.

Au premier plan, sur le sol, une corbeille de fruits et un petit chien blanc.

Dans le fond, à gauche, des musiciens et des sonneurs de trompe, debout ou assis, devant un bouquet d'arbres.

Toile. Haut., 92 cent.; larg., 75 cent.

Cadre en bois sculpté.

LEFÈVRE (Robert)

Paris, 1756-1830.

54 — *Portrait présumé de l'Impératrice Joséphine.*

Assise sur la terrasse d'un château, dans un fauteuil en forme de trône, orné de bronzes, les jambes allongées vers la droite, les pieds chaussés de souliers de satin blanc posés sur un coussin de velours rouge à galons d'or ; les cheveux noirs séparés en bandeaux sur le front et bouclés, une ruche de mousseline autour du cou, elle est vêtue d'une robe rouge ouverte sur la poitrine et garnie de franges de soie blanche, une ceinture nouée à l'échancrure du corsage, la robe ouverte sur une jupe blanche. Le bras droit accoudé sur son siège, elle tient de la main gauche une pelotte à épingles.

Sur une table ronde couverte d'un tapis gris, on remarque, au second plan, un vase, une coupe d'orfèvrerie, une corbeille à ouvrage d'où s'échappent des étoffes jaune et bleue, un bouton de rose, des ciseaux, un dé à coudre et des bobines de soie.

Vers le fond, une balustrade de pierre devant un parc. A gauche, un mur supportant des colonnes.

Signé à droite et daté : *1812*.

Toile. Haut., 1 m. 72 ; larg., 1 m. 43.

LEFÈVRE (Robert)

55 — *Portrait de jeune femme.*

A mi-corps, de trois quarts vers la droite, les yeux bleus, les cheveux châtains, bouclés et nattés, elle porte une robe de mousseline blanche décolletée et bordée d'or, dont elle relève un pli à la hauteur de la ceinture.

Signé et daté : *1807*.

Toile. Haut., 63 cent.; larg., 53 cent.

LE MOINE (François)

Paris, 1688-1737.

56 — *Psyché et l'Amour.*

La jeune fille est debout dans un intérieur, les cheveux blonds bouclés et pendant autour du cou ; drapée d'une étoffe bleue, et tenant une lampe allumée, elle se penche sur un lit où l'amour est endormi.

L'amour, accoudé sur un coussin de lingerie, tient

dans la main droite le ruban rouge de son carquois.

Un rideau doublé de brocart d'or est relevé sur la gauche.

A droite, sur une table à pied de bouc, une pyramide et un vase d'orfèvrerie.

Dans le fond, le socle d'une colonne.

Toile de forme ovale.
Haut., 90 cent. ; larg., 1 m. 20.

Cadre en bois sculpté, du temps de la Régence.

LOIR (Mlle)

École française, XVIIIe siècle.

57 — *La Jeune Musicienne.*

Assise dans la campagne, vue jusqu'aux genoux, légèrement tournée vers la gauche, les yeux bruns, le visage souriant, les cheveux relevés et poudrés ornés de fleurettes et d'un peigne enrichi de perles, en robe blanche décolletée, avec tunique de couleur lilas galonnée d'or, elle pince d'un luth retenu sur ses épaules par un ruban bleu.

Toile. Haut., 90 cent. ; larg., 72 cent.

Cadre en bois sculpté, du temps de Louis XV.

LOIR (Mlle)

58 — *Jeune Femme en Diane.*

A mi-corps, debout dans un parc, accoudée sur un socle de pierre, elle tient un arc et porte dans ses cheveux poudrés le croissant de Diane. Une peau de léopard est posée sur ses épaules ; son corsage de mousseline rayée, décolleté, laissant les bras demi nus, est serré à la taille sur une jupe grise amplement drapée.

Dans le fond, un buisson de roses.

Toile. Haut., 82 cent. ; larg., 64 cent.

Cadre en bois sculpté.

MERCIER (Philippe)

Berlin, 1689-1760.

59 — *Le Joueur de luth.*

Il est assis sur l'herbe et au pied d'un bouquet d'arbres, tenant son instrument appuyé sur son genou droit. Coiffé d'un beret de soie, il porte un habit rayé de rose sur fond bleu, une fraise souple autour du cou, des manchettes de lingerie.

A droite, un fond de parc.

Toile. Haut., 75 cent.; larg., 58 cent.

Cadre en bois sculpté.

NATTIER (Jean-Marc)

Paris, 1685-1766.

60 — *Thalie.*

C'est le portrait allégorique d'une jeune femme représentée dans le vestibule d'un palais, assise sur un banc de pierre, tenant un masque de la main gauche, et relevant de l'autre main et du bras droit un rideau bleu sous lequel elle apparaît en pleine lumière, la poitrine découverte, drapée d'un manteau bleu sur sa robe blanche.

Ses cheveux sont couronnés d'une guirlande de lierre.

Au fond et à gauche, trois personnages dans un atrium.

Toile. Haut., 78 cent.; larg., 95 cent.

Cadre en bois sculpté.

Œuvre de la première manière du Maître.

NATTIER (Atelier de JEAN-MARC)

61 — *Portrait de jeune femme.*

Vue presque de face, les yeux bruns, les cheveux bouclés et légèrement poudrés, une boucle pendant sur l'épaule, elle est vêtue d'une robe de satin blanc décolletée, à ceinture et nœud de ruban rose ; une écharpe bleue est drapée autour de sa taille.

Fond de paysage.

Toile. Haut., 80 cent. ; larg., 64 cent.

Cadre en bois sculpté.

PANINI (JEAN-PAUL)

Plaisance, 1695-1764.

62 — *Ruines et personnages.*

A droite, devant une colonnade, une femme en jaune, un homme en veste rouge et un autre personnage. Au centre, un cavalier sur un cheval blanc ; à gauche, un vase.

Fond de paysage montagneux.

Toile. Haut., 41 cent. ; larg., 30 cent.

PÉRIN (LIÉ-LOUIS)

Reims, 1753-1817.

63 — *Jeune Femme dans un intérieur.*

Une jeune femme, en robe de satin blanc, décolletée, garnie de dentelles et de nœuds de ruban, les cheveux relevés, bouffants et poudrés, ornés d'une branche de roses, est assise dans un fauteuil, le bras gauche accoudé sur une table ornée de laques et de bronzes, une main pendant sur les genoux et l'autre main tenant un livre relié en veau.

Sur la table, trois livres sont posés près d'une partition.

Signé à droite et daté : *1782*.

Toile. Haut., 1 m. 30 ; larg., 1 m.

Cadre en bois sculpté, du temps de Louis XVI.

REGNAULT (Jean-Baptiste, Baron)

Paris, 1754-1829.

64 — *Renaud et Armide.*

Ils sont représentés dans un parc, sous une draperie tendue sur les arbres et portée par des amours qui voltigent sur un nuage. Le héros est assis sur un tertre, drapé à l'antique d'étoffes jaune et bleue, la main droite appuyée sur un miroir présenté par deux amours.

L'enchanteresse est à droite, voilée d'étoffes blanche et rose, une écharpe verte retenue dans ses cheveux blonds, une guirlande de roses sur la poitrine. A gauche, deux hommes d'armes, derrière un vase monté sur un socle. A droite un trophée guerrier et, dans le fond, une colonnade circulaire.

Toile. Haut., 59 cent. ; larg. 72 cent.

Cadre en bois sculpté.

Exposé au Salon de 1795, sous le n° 423.

REGNAULT (Jean-Baptiste, Baron)

65 — *Amphitrite.*

Elle est représentée sur les eaux, assise sur un esquif en forme de conque, attelé de deux dauphins. Une gaze jaune est drapée autour de sa taille.

Toile. Haut., 26 cent.; larg. 23 cent.

REYNOLDS (Sir Joshua)

Plymton, 1723-1792.

66 — *Lady Douglas.*

Couverte d'un manteau de soie rouge bordé de fourrure brune, elle est vue à mi-corps, presque de face, légèrement tournée vers la droite ; les cheveux relevés et poudrés, ornés d'une coque de ruban rose, une ruche noire autour du cou, la main gauche tenant un éventail.

Toile. Haut., 74 cent. ; larg., 62 cent.

Cité dans *Sir Joshua Reynolds*, par Sir Walter Armstrong, p. 213.

ROBERT (Hubert)

Paris, 1733-1806.

67 — *Les Lavandières.*

Une fontaine monumentale, formée dans une niche, d'une statue de femme tenant des urnes jaillissantes, est ornée d'un pilastre, d'une colonne et d'une frise. L'eau de la fontaine coule dans une vasque, d'où elle s'échappe encore par une ouverture en forme de mascaron.

Des fûts de colonnes et des fragments de pierre sont réunis au premier plan, où l'on remarque deux hommes : l'un, couvert d'un manteau rouge, est assis sur des marches ; l'autre, appuyé sur une canne, déchiffre une inscription latine.

Un groupe de femmes est réuni au centre, au delà d'un cours d'eau ; elles lavent du linge. Une barque est montée par un homme ; deux femmes, l'une chargée d'un lourd ballot, marchent vers la gauche.

Des pins s'élèvent à droite, sur une terrasse, reste

d'une ancienne fortification, portant encore dans un angle une échauguette. Deux hommes sont accoudés au sommet de la muraille.

Dans le fond, les arbres d'un bois, au milieu desquels on remarque une tour gothique en ruine.

Signé à gauche, sur la fontaine, dans une inscription latine.

Toile. Haut. 2 m. 20; larg., 2 m. 56.

ROBERT (Hubert)

68 — *Bords d'un lac italien.*

Au premier plan, sur une large rive où l'on remarque des fragments de pierre, une femme avec une fillette sont montées sur un cheval blanc, poussé par un homme qui porte au bout d'un bâton son bagage sur l'épaule. Derrière eux, un petit garçon, son chapeau à la main, est suivi par deux chiens; un pêcheur lève son filet.

Un escalier s'ouvre à gauche, entre des rochers; une femme, portant une cruche sur la tête, et une fillette, descendent les degrés de pierre. Au bas des marches, une laveuse en jupe rouge est agenouillée au bord de l'eau. Plus loin, d'autres pêcheurs; une barque accoste une rive boisée. A droite, un rocher est couronné par le temple de Vesta; une route traverse une arche de pierre soutenant une tour crénelée.

Le lac s'étend vers le fond, jusqu'à l'horizon fermé par des collines.

Toile. Haut., 2 m. 20; larg., 2 m. 56.

ROBERT (Hubert)

69 — *Le Palais en ruines.*

Devant un monument dont le portique est soutenu par quatre colonnes, divers personnages sont réunis. Au centre, des hommes remuent des blocs de pierre;

une statue est élevée sur un socle, au premier plan.
Vers la droite, une femme descend un large escalier devant une terrasse protégée par une balustrade, et où l'on remarque un groupe de promeneurs.

Toile. Haut., 98 cent.; larg., 75 cent.

Cadre en bois sculpté.

TOCQUÉ (Louis)

Paris, 1691-1772.

70 — *Portrait présumé de Mme Tocqué.*

Debout dans un paysage, devant une balustrade, elle est vue à mi-corps, tournée vers la gauche.
Les cheveux blonds, relevés et bouclés, les yeux bleus, elle porte sur sa robe bleue décolletée un manteau de velours gris drapé autour de la taille et elle tient, sur l'index de la main droite, un oiseau attaché à la patte par un ruban bleu.
Fond de parc.
Signé et daté: *1749.*

Toile. Haut., 87 cent.; larg., 69 cent.

Cadre en bois sculpté.

TOURNIÈRES (Robert Le Vrac)

Ifs, 1668-1752.

71 — *Le Roi et la Reine de Pologne (?).*

Ils sont représentés dans un parc : le monarque est debout, à gauche, en habit rouge brodé d'or, une main sur la hanche et faisant un geste de l'autre main; la reine est assise devant une fontaine formée de deux amours tenant une conque; elle porte une robe de brocart blanc décolletée, un manteau rouge doublé d'hermine drapé autour d'elle, le bras droit accoudé sur un coussin bleu. Un page nègre en habit jaune, agenouillé à droite, offre à la souveraine une corbeille de fleurs.

Au premier plan, un chien.

Toile. Haut., 90 cent.; larg., 71 cent.

Cadre en bois sculpté.

WATTEAU (Antoine)

Valenciennes, 1684-1721.

72 — *Le Retour de campagne.*

Une armée en marche suit une route qui traverse de gauche à droite la campagne, sur une déclivité de terrain.

Au centre de la composition, deux femmes sont montées sur des ânes: l'une d'elles, en robe rose, allaite un enfant; l'autre est couverte d'un manteau noir.

En tête de la troupe, un homme porte du gibier, son fusil sur l'épaule. Un officier, drapé d'un manteau rouge, laisse boire son cheval bai.

A gauche, une villageoise est assise au pied d'un arbre et accoudée sur son panier.

Dans le fond, une charrette est attelée de deux chevaux.

Bois. Haut., 33 cent.; larg., 44 cent.

Cadre en bois sculpté, du temps de la Régence.

Gravé par N. Cochin.

Reproduit dans les *Classiques français*: *Watteau,* édition Hachette.

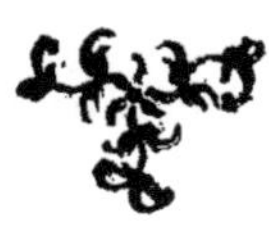

Objets d'Art & d'Ameublement

OBJETS DIVERS

73 — Tasse trembleuse, avec couvercle et présentoir, en ancienne porcelaine tendre de Sèvres: médaillons contenant des personnages et des attributs champêtres sur fond de paysage, le tout se détachant sur un champ bleu chargé de rinceaux dorés. Année 1780. Décor par *Chabry et Chauvaux*.

Haut., 12 cent.

74 — Tasse droite, et sa soucoupe, en ancienne porcelaine tendre de Sèvres, décorée de médaillons sur fond bleu chargé de rinceaux dorés ; la soucoupe présente des attributs champêtres au milieu d'un paysage.

Haut., 7 cent.

75 — Vase avec couvercle, en ancienne porcelaine de Chine ; décor de branches fleuries en en bleu. Il est compris dans une monture en bronze ciselé et doré, du temps de la Régence, comprenant des bordures, deux anses, deux montants et une gaine.

Haut., 35 cent.

76 — Petite potiche, en ancienne porcelaine de Sèvres, émaillée bleu fouetté ; couvercle ajouré. Collerette, anses feuillagées et base contournée à rocailles en bronze ciselé et doré du temps de Louis XV.

Haut., 22 cent.

77 — Deux cassolettes, de forme ronde, avec couvercles, en ancien céladon bleu turquoise truité de la Chine, comprises chacune dans une monture en bronze ciselé et doré, composée d'une gorge ajourée à rocailles, d'un gros bouton de couvercle à fleurs et deux anses contournées reliées à la base ajourée par des feuillages. Époque Louis XV.

Haut., 20 cent.

78 — Deux cassolettes, en ancien céladon gris jaunâtre craquelé de la Chine, à couvercles de bronze ajouré avec fleurettes d'ancienne porcelaine tendre ; chacune de ces cassolettes est portée par des arbustes à feuilles de cuivre doré et fleurettes de porcelaine prenant naissance sur une base en bronze doré sur laquelle repose une statuette de personnage assis, en ancienne porcelaine de Chine. Époque Louis XVI.

Haut., 24 cent.

79 — Deux vases piriformes, en ancienne porcelaine de Locré, émaillée bleu ; montures en bronze ciselé et doré composées d'un col à petites feuilles et godrons, de deux anses cols de cygnes, d'un culot feuillagé et d'un piédouche à cannelures en spirale. Époque Louis XVI.

Haut., 38 cent.

80 — Petit brule-parfums, en ancienne porcelaine du Japon, à décor bleu et rouge, porté par trois oiseaux de même porcelaine. Monture en bronze ciselé et doré composée d'une gorge ajourée, d'une bordure de couvercle et d'une base à rocailles; bouton de couvercle formé d'un bouquet de fleurettes d'ancienne porcelaine tendre.

Haut., 16 cent.

81 — Deux petits flambeaux, en argent gravé, à décor de fleurettes, feuillages et moulures. Vieux Paris. Poinçons de Florent Sollier, sous-fermier des droits de marque, année 1714-1715. Fin de l'époque Louis XIV.

Haut., 16 cent.

82 — Aiguière et bassin en argent doré. L'aiguière est munie d'une anse contournée et est ornée de guirlandes de laurier, le culot est feuillagé et le bassin est décoré également de guirlandes de laurier.

Les deux pièces présentent chacune un double écu d'alliance, timbré d'une couronne de comte. Poinçon de charge de la ville de Bayonne, de 1780 à 1789. Époque Louis XVI.

Hauteur de l'aiguière, 26 cent.
Largeur du bassin, 35 cent.

Dans un écrin en cuir fauve doré aux fers, de même époque.

83 — Petite écritoire, en bronze doré, simulant une nef armée de canons et surmontée de deux petits édifices ornés d'oriflammes. Cette nef repose sur deux pieds en forme de dauphins. Base en marbre blanc. Poinçon C. couronné. xviiie siècle.

Haut., 230 millim.; larg., 155 millim.

84 — Statuette en ancienne faïence de Kioto, représentant un enfant assis, tenant un chien; il repose sur un tabouret en bronze ciselé et doré du temps de Louis XVI, recouvert d'un coussin et porté par quatre pieds à triples colonnettes détachées, reliées par un croisillon. Les faces de ce tabouret sont reliées par des chainettes.

Haut., 33 cent.

85 — Deux bras-appliques, à trois lumières, en bois sculpté et doré, présentant : l'un, un groupe d'attributs de musique; l'autre, des attributs de l'amour avec attributs de musique également. Fin du xviiie siècle.

Haut., 1 m. 13.

86 — Grand lustre, en fer doré, garni de guirlandes, pendeloques et fleurettes en cristal de roche. xviiie siècle.

Haut., 1 m. 48.

SCULPTURES

87 — Groupe en marbre blanc, représentant Jupiter assis sur les nuées et tenant sur ses genoux Junon, presque nue, dont il caresse la chevelure de la main droite; auprès de Jupiter, l'aigle. xviie siècle.

Haut., 58 cent.

88 — Statue en marbre blanc, plus grande que nature, représentant Morosini le Péloponésiaque, debout, vêtu d'une longue robe retenue par une ceinture et recouverte en

partie d'un manteau bordé de fourrure, dont il retient les plis des deux mains. Il est coiffé de la perruque longue et porte un bonnet de fourrure. XVIIe siècle.

Haut., 2 m. 20.

89 — STATUE en marbre blanc, plus grande que nature, représentant l'Espérance, sous les traits d'une femme debout, la tête levée, la main droite appuyée sur la poitrine, le bras gauche tenant une ancre. Sur la plinthe : *Tho. Regnaudin, Molinensis fecit et donavit 1704.* Par *Thomas Regnaudin.*

Haut., 1 m. 85.

90 — DEUX STATUETTES, en terre cuite, représentant : l'une, Junon debout, amplement drapée, portant le sceptre et accompagnée du paon ; l'autre, Diane également drapée, tenant d'une main son carquois et de l'autre son arc ; auprès d'elle, son chien. Époque Régence.

Haut., 66 cent.

91 — STATUETTE en terre cuite représentant Diane nue, une draperie autour de la ceinture, tenant de la main droite son arc et s'appuyant du bras gauche sur un tronc d'arbre auprès duquel est assis un lévrier. Base enguirlandée et cantonnée de cariatides ailées. Époque Louis XV.

Haut., 34 cent.

Vente Lelong.

92 — GROUPE en marbre blanc, grandeur petite nature, représentant un enlèvement de style antique : une jeune femme nue est enlevée par un personnage debout que soutient un amour. XVIIIe siècle.

Haut., 1 m. 52.

93 — Statuette en marbre blanc, figurant une néréide, entièrement nue, portée par un dauphin au milieu des flots. xviiie siècle. Base en bronze à tores de laurier.

Hauteur du groupe, 34 cent.

94 — Statuette en terre cuite, représentant une nymphe enlevant la draperie qui la recouvre; à ses pieds, deux brebis. Par *V. Sonnenschein*. Signée. xviiie siècle.

Haut., 38 cent.

95 — Deux statuettes en terre cuite, représentant l'une une source, l'autre un fleuve; tous deux sont représentés nus, étendus sur un tertre et s'appuyant sur un vase renversé d'où s'échappent des flots d'eau. xviiie siècle.

Socles en bois peint imitant le marbre.

Haut., 36 cent.; larg., 67 cent.

Vente Lelong.

96 — Groupe en terre cuite, représentant Antoine et Cléopâtre. Antoine est coiffé d'un casque couronné de laurier; il est assis et tourne son visage vers Cléopâtre qui s'approche de lui. Base drapée. Époque Louis XVI.

Haut., 54 cent.

97 — Bas-relief ovale, en marbre blanc, représentant l'Amour appuyé à un fût de colonne et pleurant; au pied de la colonne, ses attributs. Par *Chinard*. Signé.

Cadre en bois imitant le porphyre et doré.

Grand diam., 34 cent.

98 — Buste en terre cuite, grandeur nature, représentant une jeune femme, de face, vêtue d'une chemisette recouverte d'une draperie, les cheveux retenus par un ruban. École de Chinard. Fin du xviiie siècle.

Haut., 60 cent.

99 — Groupe en terre cuite, petite nature, représentant Leucothoé, debout, drapée à l'antique, se pressant le seing droit. Elle tient de la main gauche, une coupe; près d'elle, un enfant bacchant tendant les bras. Par *Godecharles.*

Haut., 1 m. 23.

100 — Buste en marbre blanc, grandeur nature: portrait présumé de Mme de Balbi, représentée de face, une draperie sur les épaules, les cheveux bouclés. Fin du xviiie siècle ou commencement du xixe siècle.

Haut., 79 cent.

101 — Statue en marbre blanc, grandeur nature, dans la manière antique, représentant Apollon entièrement nu, debout et portant sur le dos un carquois, dont il extrait une flèche de la main droite passée derrière la tête; à ses pieds, un griffon. Commencement du xixe siècle.

Cette statue provient du château de Maisons-Laffitte.

Haut., 1 m. 60.

BRONZES D'ART

102 — Bas-relief en bronze ciselé et doré, présentant de profil la tête de Louis XIV, portant

la perruque longue. Par *A. Benoist*. Signé : *A. Benoist fecit ad. vivum 1705.*

Fond de marbre noir, encadré de bronze doré.

Hauteur du bas-relief, 48 cent.

103 — Statuette en bronze à patine brune, représentant Judith debout, drapée à l'antique, la tête levée, s'appuyant du bras droit sur le glaive et du bras gauche sur la tête d'Holopherne qui est posée sur un trépied. A la base du trépied, le casque du guerrier. Par *Ladatte*. Signée et datée : *1741*. Époque Louis XV.

Haut., 88 cent.

104 — Médaillon rond, en bronze ciselé et doré, présentant les bustes du Dauphin, fils de Louis XV et de ses cinq fils, dont les noms figurent sur la bordure de la pièce. Par *B. Duvivier*. Signé. Au revers, l'indication : *N° 3, pour Monsieur*.

Diam., 135 millim.

105 — Groupe en bronze à patine brune : le Temps et l'Histoire. Le Temps, figuré par un vieillard, est accroupi sur un rocher et tient sa faux ; l'Histoire, sous les traits d'un génie ailé, s'appuie sur un volume sur lequel elle écrit et qui repose sur la tête du Temps. XVIIIe siècle.

Haut., 70 cent. ; larg., 60 cent.

106 — Deux statues : nègre et négresse en bronze patiné et partiellement doré. Ils sont représentés debout, une draperie autour du torse et sont coiffés d'un turban. Ils supportent sur

la tête une coupe en marbre de couleurs qu'ils soutiennent des deux bras surélevés. Bases en marbre de couleurs à gorges. XVIIIe siècle.

Hauteur totale, 1 m. 90.

107 — Deux chiens en bronze patiné : l'un étendu sur un tertre ; l'autre assis, la tête baissée. Fin du XVIIIe siècle.

Bases en marbre rouge griotte.

Larg., 35 cent.

108 — Statuette en bronze à patine brune, représentant une jeune bacchante nue, étendue sur une draperie, ayant près d'elle un thyrse, une grappe de raisin, une coupe renversée et une aiguière. École de Marin, commencement du XIXe siècle.

Base en marbre blanc.

Long., 22 cent.

PENDULES

109 — Cartel en bronze ciselé et doré, à mouvement surmonté des attributs du Soleil et des Vents ; à la partie inférieure, une figure du Temps. Cadran signé : *Charles Baltazar*. Époque Régence.

Haut., 80 cent.

110 — Grand cartel en bronze ciselé et doré, à mouvement composé de larges motifs à rocailles, volutes et branchages. Il est surmonté d'une figure de déesse tenant une torche et étendue sous un motif de feuillages formant dais. La partie inférieure est ornée

d'une statuette d'amour cherchant à attraper un oiseau. Cadran signé: *Ferdinand Berthoud.* Époque Louis XV.

Haut., 80 cent.

111 — CARTEL en bronze ciselé et doré, à mouvement surmonté d'une urne à têtes de boucs placée sur un motif à volutes; le reste de la pièce est composé de guirlandes de laurier, d'oves, ainsi que de deux volutes feuillagées. Cadran signé: *Charles Leroy, à Paris.* Époque Louis XV.

Haut., 68 cent.

112 — PENDULE, en bronze ciselé et doré, formée de motifs de rocailles et ornée de statuettes composant diverses scènes tirées de l'Histoire de Don Quichotte. Cadran signé : *L. Goret, à Paris.* Époque Louis XV.

Base en bois sculpté et doré.

Haut., 50 cent.

113 — HORLOGE A GAINE, en bois de placage, garnie de bronzes dorés, tels que: encadrements à rocailles, chutes, appliques, etc. Signée: *B. Lieutaud.* Cadran signé: *Edelynne, à Paris.* Époque Louis XV.

Haut., 2 m. 05.

114 — PENDULE en marbre blanc, à mouvement placé entre deux personnages : jeune femme drapée à l'antique et adolescent presque nu lui prenant le visage des deux mains. Base oblongue ornée d'une frise en bronze doré. Cadran signé: *Guidamour, à Paris.* Atelier de Falconet. Époque Louis XVI.

Haut., 39 cent.

115 — Pendule en marbre blanc, en forme de fût de colonne cannelée, garnie de bronzes dorés; sur la pendule, une statuette d'amour relevant la draperie qui cache ses armes. Autour du cadran, des guirlandes, avec frise de jeux d'amours à la base de la pendule. Cadran signé: *Festeau le jeune, à Paris.* Époque Louis XVI.

Haut., 40 cent.

116 — Cartel en bronze ciselé et doré, surmonté d'une urne à mufles de lions et orné de guirlandes de chêne, de pommes de pin, de volutes, ainsi que d'un cul-de-lampe. Modèle de Delafosse. Époque Louis XVI.

Haut., 73 cent.

117 — Cartel en bronze doré, de forme architecturale, surmonté d'un vase enguirlandé de laurier et orné de deux cariatides d'enfants reliées par une guirlande de fleurs placée sous le mouvement. A la partie inférieure, un mascaron barbu couronné de pampres. Cadran signé : *Valle, à Paris.* Époque Louis XVI.

Haut., 85 cent.

118 — Pendule en bronze patiné et doré, à mouvement surmonté d'un coq chantant et accosté d'une statuette d'enfant nu tenant un feuillet et un porte-mine. Base oblongue à entrelacs. Cadran signé : *Julien Leroy.* Époque Louis XVI.

Haut., 30 cent. 1/2 ; larg., 30 cent.

119 — Pendule en marbre blanc, surmontée d'un groupe : Hercule aux pieds d'Omphale.

Elle est ornée de chutes, lyres, écoinçons, frises et foudres en bronze doré. Cadran signé : *Hazé, à Paris*. Époque Louis XVI.

Haut., 61 cent.

120 — Pendule en bronze doré, à mouvement surmonté d'un petit vase et placé sur un motif d'architecture à pilastres, mascaron et guirlandes de laurier. Sur les côtés du mouvement, une figure de l'Astronomie et un enfant nu en tenant les attributs. Base oblongue et contournée, décorée d'entrelacs et de feuillage, reposant sur de petits pieds. Contre-socle en marbre bleu turquin. Époque Louis XVI.

8000
5650
Hettiner

Haut., 43 cent.

121 — Pendule en bronze doré, à mouvement compris dans une cage ornée de rinceaux et de corbeilles de fleurs et surmontée d'un groupe d'attributs de l'Amour. Base rectangulaire en marbre blanc, ornée d'une frise de laurier. Cadran signé : *Le Noir*. Époque Louis XVI.

4000
5000
L. Renault

Haut., 48 cent.

122 — Pendule en bronze doré, décorée d'une statuette de Junon tenant de la main gauche un paon et s'appuyant du bras droit sur le mouvement. La base de cette pendule de forme élevée, est plaquée d'écaille et garnie d'attributs de musique en bronze doré. Elle contient un jeu d'orgue. Époque Louis XVI.

4000
5.450
Rosenau

Haut., 62 cent.; larg., 46 cent.

123 — PENDULE composée d'un pied de coupe, en ancienne porcelaine de Saxe, formé de deux figures d'enfants nus, debout sur un tronc d'arbre. Ce support est surmonté du mouvement en bronze doré, lequel est couronné d'une corbeille de fruits ; il repose lui-même sur une base carrée également en bronze doré et ornée sur toutes les faces d'un mascaron entouré de rinceaux avec tore de laurier la reliant au pied de coupe. Cadran signé : *Julien Beliard, à Paris.* Époque Louis XVI.

Haut., 58 cent.

8000 / 4100 Gaverry

124 — PENDULE à mouvement apparent, en bronze doré, enrichie d'émaux, par *Coteau* (signée). Le cadran indiquant les jours, les semaines et les quantièmes, est surmonté d'un autre cadran montrant les phrases de la lune ; un aigle aux ailes déployées couronne le tout ; au-dessous du cadran principal se voient deux ailes retenues par un thyrse ; la partie inférieure présente un médaillon contenant un amour, un autre médaillon offrant une scène de sacrifice de style antique, et deux griffons étendus sur lesquels repose toute la pièce. Contre-socle en marbre blanc. Fin du XVIIIe siècle.

Haut., 48 cent.

5000 / 6205 Jonas pour un client argentin

125 — GRANDE PENDULE en bronze patiné et doré, à mouvement contenu dans un fronton triangulaire supporté par deux statuettes de femmes debout, drapées à l'antique ; base en bronze doré et marbre rouge à palmettes et fleurons. Cadran signé : *Manière, à Paris.* Fin du XVIIIe siècle.

Haut., 80 cent.; larg., 50 cent.

6000 / 11500 Duc d'Albufera

126 — Pendule en bronze ciselé et doré de deux tons, composée d'un vase surmonté d'une pomme de pin et ayant pour anses deux figurines de femmes à demi nues; le culot du vase présente un masque de mercure relié aux anses par des guirlandes de fruits. Le piédouche est bordé d'un tore de laurier. Base en marbre de vert de mer, ornée d'un mascaron, de palmettes et de moulures en bronze ciselé et doré. Cadran signé : *Berthoud, à Paris*. Fin du XVIIIe siècle.

Haut., 53 cent.

BRONZES D'AMEUBLEMENT

127 — Deux flambeaux en bronze ciselé et doré, à décor de feuillages. Bases rondes bordées de feuilles d'acanthe. Époque Louis XVI.

Haut., 18 cent.

128 — Deux candélabres à trois lumières, en bronze patiné et doré, composés chacun d'une figure de femme debout, drapée à l'antique, portant sur la tête un vase d'où s'échappent les branches porte-lumières. Bases en marbre blanc, décorées de cannelures et ornées de cariatides et frises en bronze ciselé et doré. Époque Louis XVI.

Haut., 86 cent.

129 — Deux flambeaux en bronze ciselé et doré, composés chacun d'une figurine d'amour tenant la tige fleurie servant de porte lumière et debout sur une base ronde feuillagée. Époque Louis XVI.

Haut., 27 cent.

130 — Petite coupe ovale, en bronze ciselé et doré, à décor de godrons avec anses mascarons têtes de satyres; base en granit rose, garnie de bronzes dorés. Époque Louis XVI.

Haut., 17 cent.; larg., 23 cent.

131 — Deux flambeaux en bronze ciselé et doré, modèle balustre, enguirlandés et cannelés en en spirale. Bases également enguirlandées. Époque Louis XVI.

Haut., 31 cent.

132 — Deux candélabres à trois lumières, composés chacun d'une statuette de nymphe en bronze patiné, drapée à l'antique, debout et tenant une corne d'abondance d'où s'échappe le bouquet de lumières, en bronze doré; ce bouquet est formé de rinceaux et de feuillages avec tige centrale surmontée d'un petit vase. Époque Louis XVI. Bases carrées en marbre blanc garnies de bronzes dorés.

Haut., 94 cent.

133 — Vase à panse surbaissée et couvercle en marbre cipolin, orné d'un bouton de couvercle, de deux anses têtes de boucs et d'une frise de rinceaux enguirlandés de fleurs, en bronze ciselé et doré. Époque Louis XVI.

Haut., 37 cent.

134 — Deux candélabres à trois lumières, en marbre bleu turquin et bronze doré, formés chacun d'une cassolette à décor de têtes de boucs; de cette cassolette s'échappe le bouquet de lumières. Bases rondes en marbre bleu turquin. Époque Louis XVI.

Haut., 65 cent.

135 — Deux bras-appliques à trois lumières, en bronze ciselé et doré, formé d'une gaine surmontée d'un vase enguirlandé avec figure d'enfant nu, drapé, soutenant les bras de lumières. Époque Louis XVI.

Haut., 55 cent.

136 — Deux flambeaux en bronze patiné et doré, formés chacun d'une statuette d'enfant nu, debout, portant des deux mains, près de sa tête, la douille porte-lumière. Bases cylindriques en marbre bleu turquin. Époque Louis XVI.

Haut., 29 cent.

137 — Paire de chenets en bronze ciselé et doré, composés d'un vase à anses têtes de boucs, porté par un petit fût de colonne cannelée et réuni à une coupe enflammée, par une volute décorée d'une corne d'abondance. Époque Louis XVI.

Haut., 46 cent.; larg., 42 cent.

138 — Deux bras-appliques, à trois lumières en bronze ciselé et doré, à gaine surmontée d'un vase enguirlandé. Les bras sont feuillagés, celui du milieu prenant naissance au-dessus de la tête d'un bouc, dont les cornes sont reliées par des guirlandes de chêne aux deux autres bras. Époque Louis XVI.

Haut., 49 cent.

139 — Deux candélabres, à trois lumières, formés chacun d'un vase de forme allongée, en ancienne porcelaine de Chine, à décor de branches fleuries et oiseaux. Montures en

bronze ciselé et doré à longues anses feuillagées ; piédouches à petites cannelures et bras porte-lumières simulant des branches de pavots. Bases en marbre blanc. Époque Louis XVI.

Haut., 56 cent.

140 — Deux candélabres, à trois lumières, en bronze patiné et doré, composés chacun d'une statuette de femme debout, drapée à l'antique, portant sur la tête un vase cannelé d'où s'échappent les bouquets de fleurs formant porte-lumières. Bases en marbre rouge griotte à guirlandes de fleurs et tore de feuillages en bronze doré. Fin du XVIIIe siècle.

Haut., 1 m. 07.

12.000 / 11.000 Stettiner pour m

MEUBLES

TAPIS DE LA SAVONNERIE

141 — Grande commode à trois tiroirs, en bois de violette, garnie de bronzes, tels que : chutes à têtes de femmes, rosaces, entrées de serrures ornées de dauphins et de mascarons, encadrements à lambrequins et godrons, poignées à têtes de femmes et sabots à rocailles. Dessus de marbre. Signée : *Migeon*. Époque Régence.

Haut., 87 cent.; larg., 1 m, 32.

12.000 / 16.025 Stettiner

142 — Table-bureau en bois de violette, à trois tiroirs ; elle est garnie de chutes à têtes humaines, d'appliques, de poignées et de sabots en bronze. Époque Régence.

Long., 1 m. 69; larg., 87 cent.

pas doré mauvais

5000 / 4.700 Garvery

143 — Deux consoles de forme contournée, en bois sculpté et redoré, à ceinture ornée de quadrillés et de feuilles. Les quatre pieds décorés de fleurs, feuilles et rocailles sont réunis par un croisillon placé à mi-hauteur et présentant à son intersection une palmette dans un motif à volutes. Tablettes de marbre de couleur. Époque Régence.

Haut., 85 cent.; larg., 1 m. 14.

144 — Canapé d'angle en bois sculpté et redoré, à fleurs et moulures. Il est couvert de satin brodé au point de chaînette et chenillé à dessin de rameaux fleuris et enrubannés. Époque Louis XV.

Longueur d'un côté, 1 m. 23.

145 — Commode à deux tiroirs, en marqueterie de bois de couleurs à quadrillés et rocailles. Garniture de bronzes, tels que: entrées de serrures, poignées, chutes, cul-de-lampe et sabots à rocailles. Signée: *Chèvallier*. Époque Louis XV. Tablette de marbre brèche d'Alep.

Larg., 1 m. 30; prof., 65 cent.

146 — Meuble de forme haute, à côtés fuyants, en bois de placage. Il présente un abattant surmonté d'une armoire à deux portes et placé lui-même au-dessus de deux tiroirs juxtaposés ; l'abattant dissimule des tiroirs et des casiers intérieurs. Garniture de bronzes. Ce meuble repose sur quatre pieds élevés. Époque Louis XV.

Haut., 2 mètres; larg. 1 m. 10.

147 — Table-bureau en bois de violette, contenant trois tiroirs; chutes à mascarons, poi-

gnées, entrées de serrures et sabots à rocailles en bronze ciselé et doré. Dessus de cuir. Époque Louis XV.

Long., 1 m. 63; larg., 78 cent.

148 — Commode de forme contournée, à deux tiroirs, en laque noire et or, à dessin de paysages chinois animés sur la façade et d'animaux chimériques sur les côtés. Poignées, entrées de serrures, cul-de-lampe, chutes et sabots à fleurs et rocailles en bronze ciselé et doré. Tablette de marbre brèche d'Alep. Signée : *Migeon*. Époque Louis XV.

Long., 1 m. 45.

149 — Petite table, de forme contournée, en bois de violette. Le dessus contient deux volets recouvrant des compartiments ; entre ces deux volets sont disposés un pupitre et, derrière lui, un petit écran mobile ; sous le pupitre, un tiroir. Époque Louis XV.

Larg., 80 cent.

150 — Table-coiffeuse en marqueterie de bois de couleurs ; décor de fleurs, trophées d'armes à figures allégoriques. Le dessus est composé de trois volets, dont deux masquent des compartiments, et l'autre, celui du milieu, est muni, au revers, d'un miroir derrière lequel est dissimulé un pastel : portrait de personnage en tenue d'officier. Elle contient deux tiroirs, dont un forme bureau. Époque Louis XV.

Larg., 85 cent.

151 — Encoignure à deux portes, en bois laqué, à dessin de rochers, branches fleuries et

oiseaux en couleurs et dorure sur fond noir ; chutes, sabots et encadrements à rocailles en bronze ciselé et doré. Dessus de marbre brèche d'Alep. Époque Louis XV.

Haut., 1 mètre ; larg., 82 cent.

152 — Table-bureau en bois de placage, garnie de bronzes ciselés et dorés, tels que chutes à mascarons, poignées, entrées de serrures et sabots. Elle contient trois tiroirs. Époque Louis XV.

Long., 1 m. 47 ; larg. 74 cent.

153 — Petit bureau à dos d'âne, en marqueterie de bois de couleurs à décor de branches fleuries. L'intérieur contient trois tiroirs présentant des rinceaux. Chutes et sabots en bronze à rocailles. Il est muni d'un compartiment secret. Époque Louis XV.

Haut., 82 cent. ; larg. 64 cent.

154 — Secrétaire à hauteur d'appui, en marqueterie de bois de couleurs, présentant sur l'abattant et les deux portes, des fleurs ; les côtés sont également ornés de gerbes de fleurs. Il contient des casiers et six tiroirs. Dessus de marbre brèche d'Alep. Fin de l'époque Louis XV.

Haut., 1 m. 16 ; larg., 85 cent.

155 — Commode à trois rangs de tiroirs, en marqueterie de bois de couleurs, à décors d'ustensiles sur la première rangée de tiroir, de quadrillés et fleurettes sur le reste de la pièce. Elle est garnie d'encadrements, de poignées,

d'un cul-de-lampe et de sabots-griffes en bronze ciselé et doré. Dessus de marbre gris. Fin de l'époque Louis XV.

Larg., 1 m. 25.

156 — Commode demi-lune, en acajou, contenant trois tiroirs, elle est ornée de chutes à feuillages et attributs, d'une frise d'entrelacs, d'encadrements, d'entrées de serrures, de poignées et d'un cul-de-lampe en bronze doré. Signée : *Dubois*. Tablette de marbre blanc. Fin de l'époque Louis XV.

12.800
R. Kraemer

Haut., 87 cent.; larg., 98 cent.

157 — Console en bois sculpté, ajouré et peint gris, reposant sur deux pieds contournés, reliés par une traverse. Elle est décorée de moulures, ainsi que de feuilles et de guirlandes de fleurs avec couronnes de fleurs et feuilles de laurier sur la traverse reliant les pieds. Tablette de marbre de couleurs. Fin de l'époque Louis XV.

2.200
Tabre

Haut., 88 cent.; larg., 88 cent.

158 — Table de dame, en marqueterie de bois de couleurs à carrelages et filets, fermant au moyen d'une coulisse qui masse six petits tiroirs: sur un des côtés, deux autres tiroirs mobiles sur pivot. Elle repose sur quatre pieds cambrés. Signée : *Landrin*. Fin de l'époque Louis XV.

4000
6.800
Brusquet

Haut., 74 cent.; larg., 56 cent

159 — Écran ovale, en bois sculpté, à décor de petites feuilles, rangs de piastres et branches de laurier enrubannées ; à la partie supérieure,

6000
9.710
Guérault

des fruits comme amortissement. Feuille en tapisserie d'Aubusson présentant un médaillon à sujet de jeux d'enfants se détachant sur fond enguirlandé et enrubanné. Fin de l'époque Louis XV.

Haut., 98 cent.

160 — Bergère à joues, en bois sculpté et redoré, à fleurs et feuilles d'acanthe. Époque Louis XVI. Elle est recouverte de soie verte, rayée.

Larg., 70 cent.

161 — Meuble à hauteur d'appui, formant commode, en marqueterie de bois de couleurs, présentant sur chaque face une corbeille de fleurs. Il est orné d'encadrements, de poignées, de tores de laurier et d'une galerie en bronze ciselé et doré. Tablette de marbre blanc. Époque Louis XVI.

Long., 1 m. 34.

162 — Lit en fer forgé et bronze doré. Le dossier de chevet est orné d'un bas-relief présentant le char du Soleil; ce bas-relief est entouré de rinceaux fleuris et d'oiseaux; l'autre dossier, plus bas, est formé d'entrelacs surmontés d'une frise de rinceaux avec attributs de l'Amour au centre; les traverses et les côtés sont décorés de feuillages et de guirlandes, ainsi que du chiffre J. S.; les pieds sont creusés de cannelures obliques. Époque Louis XVI.

Long., 2 m. 10; larg., 1 m. 25.

163 — Petite console en fer forgé, à ceinture ornée de frises de poste et enguirlandée de

laurier. Elle repose sur deux pieds contournés et feuillagés à griffes de lions, reliés par un motif de rocailles. Tablette de marbre brèche d'Alep. Époque Louis XVI.

Larg., 83 cent.

164 — Secrétaire à abattant en acajou, muni d'un tiroir et avec portes à la partie inférieure; l'abattant et les portes sont décorés de panneaux de laque à dessin de rochers et arbustes. Il est garni d'encadrements, de boutons, de frises d'entrelacs, de chutes, d'attributs, etc., en bronze ciselé et doré. Dessus de marbre blanc. Époque Louis XVI.

Haut., 1 m. 40; larg., 90 cent.

165 — Cinq chaises en bois sculpté et repeint gris, à dossiers ornés de colonnettes cannelées ; sièges en tapisserie à dessin de corbeilles de fleurs sur fond blanc avec contrefond rose. Époque Louis XVI.

Larg., 40 cent.

166 — Secrétaire droit à abattant, portes et tiroirs, en marqueterie de bois de couleurs à décor d'ustensiles, draperies, vases, etc. Garniture de bronzes, tels que : chutes, entrées de serrures, appliques et cul-de-lampe. Tablette de marbre. Époque Louis XVI.

Haut., 1 m. 43 ; larg., 93 cent.

167 — Vitrine d'applique, en bronze doré, à petites cannelures et fleurettes. Époque Louis XVI.

Haut., 81 cent.; larg., 67 cent.

168 — Fauteuil en bois sculpté, à dossier ajouré présentant un motif de vases et de volutes et à ceinture ornée d'une frise d'entrelacs et de draperies enrubannées. Le siège et les manchettes sont couverts de tapisserie d'Aubusson à bouquets de fleurs sur fond gris. Travail anglais. Fin du xviiie siècle.

Larg., 65 cent.

169 — Tapis rectangulaire de la manufacture royale de la Savonnerie, présentant sur fond brun un enchevêtrement de rinceaux feuillagés. Large bordure gris jaunâtre chargée d'attributs guerriers et des massues et peaux de lions d'Hercule, avec mascarons des deux côtés. Encadrement à feuillages. Époque Louis XIV.

Haut., 4 m. 65; larg., 3 mètres.

www.ingramcontent.com/pod-product-compliance
Ingram Content Group UK Ltd.
Pitfield, Milton Keynes, MK11 3LW, UK
UKHW021311190726
13839UKWH00007B/1167